LE MARQUIS
DE CARABAS.

par Jules Rostaing.

PARIS,
DELARUE, Libraire Editeur, Rue des Grands Augustins, N°3.
1859

LE MARQUIS DE CARABAS

I

Le roi Bouffe-la-Balle et l'écuyer Calembredaine.

N ennemi puissant et implacable venait de fondre sur les États du roi Cascaret XIII. La capitale, puis le palais de ce dernier avaient été pris d'assaut.

Cascaret ainsi que sa glorieuse épouse la princesse Nigaudina s'étaient alors vus plongés tout entiers dans un bain de teinture verte, qui avait la propriété de donner aux corps humains la couleur d'une belle feuille d'épinard. Cette couleur devenait ineffaçable.

Telle était, à l'époque reculée et dans le pays lointain où se passèrent les événements dont nous commençons le récit, la manière d'exclure du trône les princes et princesses régnants. Une fois le bain pris, l'usurpateur ne s'occupait plus d'eux; car personne n'eût consenti à voir remonter sur le trône un roi qui eût ressemblé à un chou couronné, ou bien une reine au titre auguste de laquelle les mauvais plaisants n'eussent pas manqué de substituer celui de Rainette (grenouille verte).

Mais il restait aux vainqueurs à faire prisonniers le marquis de Carabas et son écuyer, le fidèle Calembredaine : le premier, parce qu'il était neveu et héritier présomptif du roi déchu; le second, parce qu'on avait tout lieu de craindre qu'il n'empêchât, par quelqu'un des subterfuges bizarres au moyen desquels il se tirait presque toujours d'affaire, de mettre la main sur le jeune marquis.

Ce ne fut donc pas sans rire aux éclats qu'une troupe de guerriers, cherchant nos deux personnages, vit Calembredaine se laisser ou plutôt se faire prendre comme un pauvre esprit.

Ceux-ci purent facilement le reconnaître aux armoiries brodées sur le devant et dans le dos de sa casaque qu'il n'avait pas même eu la précaution d'échanger contre un autre vêtement. Ces armoiries, qui avaient pour figure principale une cruche d'or aux anses *substituées* d'ailes argentées, avec deux mirlitons pour *supports,* étaient celles du marquis de Carabas. L'écuyer était, en outre, coiffé de son casque en forme de chapeau chinois, et faisait résonner de sonores éperons, signes distinctifs de sa charge.

Les guerriers ne songèrent qu'à se demander pourquoi Calembredaine était pâle comme un homme qui eût, depuis peu de temps, éprouvé une émotion aussi terrible qu'extraordinaire, et d'où venait qu'il eût les yeux tout rouges à force de pleurer.

Son visage était, en effet, plus blanc que celui d'une personne près de s'évanouir, et ses yeux ressemblaient à deux arrosoirs. Cependant Calembredaine, qui avait vaillamment combattu aux côtés de son maître, passait, à juste titre, pour un garçon résolu et sachant faire gaiement face à la mauvaise fortune. Aussi, en y regardant bien, on se fût peut-être aperçu que cette face blême avait une couche de farine, et eût-on découvert, dans la main que l'écuyer portait souvent à ses paupières, une belle peau d'oignon rosé.

La petite troupe ne soupçonna rien de ce qu'il en était, et elle s'empressa de conduire une aussi précieuse capture au redoutable Bouffe-la-Balle.

Joufflu, lippu, ventru et un peu bossu, ce dernier, porté par un baudet de belle apparence, tranquille monture qu'on le voyait, dans ses promenades, préférer à quelqu'un de ses fougueux coursiers, visitait alors la ville dont il venait de s'emparer. A ses côtés marchaient deux gentilshommes; l'un portant un plat sur lequel s'épanouissait une énorme brioche, l'autre un plateau où se trouvaient un grand verre et un carafon rempli d'excellent vin. Suivant son habitude, Bouffe-la-Balle croquait de temps en temps un morceau de brioche, et buvait un grand coup. Derrière, venaient des serviteurs armés d'éventails et de chasse-mouches; puis les guerriers que l'on appelait la milice de l'âne, parce que la garde du baudet royal lui était confiée.

Calembredaine, qui était homme de cour, plia le genou dès qu'il fut en présence du nouveau souverain et se frotta les yeux de plus belle.

— Qui es-tu? demanda Bouffe-la-Balle, la bouche pleine.

Dix voix avaient répondu :

— C'est Calembredaine... C'est l'écuyer du marquis de Carabas.

— Ah! ah! fit l'usurpateur. Eh bien! que l'on pende messire Calembredaine jus-qu'à ce qu'il nous ait dit où se cache son maître.

L'écuyer se releva et saluant avec une grâce exquise, il repartit :

— Sire, savez-vous quel est l'homme qui, malgré tout son respect pour Votre Majesté, ne peut s'empêcher de vous.tirer la langue?

Cette courageuse et piquante réponse causa une surprise et une émotion générales.

Elle produisit sur Bouffe-la-Balle lui-même une impression qu'il essaya de dissimuler en vidant son grand verre. Il ne voulut cependant point rester court aux yeux de ses nouveaux sujets, et il répondit majestueusement :

— Je n'en sais rien du tout.

Un murmure d'approbation prouva au roi qu'on appréciait l'à-propos et la justesse de sa réplique.

L'écuyer reprit d'un air modeste :

— Eh bien, Sire, c'est l'homme que vous faites pendre... Je supplié donc Votre Majesté de ne point me forcer à lui tirer la langue.

La révélation non moins adroite que saugrenue de cette haute et incontestable vérité frappa l'esprit de Bouffe-la-Balle, qui sentit fléchir sa sévérité.

— Livre-moi le marquis de Carabas, dit-il, et je t'accorderai ce que tu me demanderas.

. Calembredaine frotta de nouveau ses yeux et poursuivit après un moment :

— Je demanderai seulement à Votre Majesté qu'elle me permette de quitter ce royaume et d'emporter du château une botte de paille.

— Elle te le permettra... Mais pourquoi es-tu si pâle et pleures-tu si fort?

— C'est que j'ai été témoin tout à l'heure du fait le plus triste et le plus incroyable... Mon malheureux maître... Le pauvre marquis de Carabas... Si vous daignez venir avec moi, vous allez le voir, illustre Bouffe-la-Balle. Mais il n'y a plus que moi, dans ce monde, qui puisse le reconnaître.

La pâleur étrange et les larmes intarissables de Calembredaine persuadèrent à Bouffe-la-Balle que celui-ci parlait le plus sérieusement qu'il fût possible, et il se hâta de mettre pied à terre pour le suivre. Calembredaine se dirigea vers le palais, arriva, par un chemin secret, à la porte d'une chambre que les envahisseurs n'avaient pas encore découverte, et il en poussa les deux battants.

On vit alors une chose des plus singulières.

Où l'on verra comment un homme et une bête peuvent n'être qu'une seule chose.

A chambre dans laquelle Calembredaine avait conduit Bouffe-la-Balle, ses courtisans et nombre de curieux, était le cabinet de travail du marquis de Carabas.

Devant un fauteuil orné du blason de la cruche aux ailes argentées, et près d'une table sur laquelle se trouvait encore un livre ouvert, était une grande autruche coiffée d'une toque avec son panache, un collier de chaînons d'or au col, le dos couvert d'un riche manteau et l'épée au côté ou plutôt à l'aile.

Dire que la surprise de chacun fut extrême est inutile. Bouffe-la-Balle était demeuré la bouche béante, et peut-être ne l'eût-il pas fermée de deux heures, s'il ne fût venu à un officier l'heureuse idée d'y mettre un des gros macarons dont son maître avait toujours les poches garnies. La force de l'habitude l'emporta; les mâchoires de ce dernier se resserrèrent, et, après avoir rempli leur agréable office, elles ne se rouvrirent plus que pour faire entendre cette question :

Bouffe-la-balle demeura la bouche béante.

— Quelle est cette bête et pour quelle raison est-elle ainsi parée?

L'écuyer, qui avait usé un oignon rose tout entier et changé ainsi ses yeux en robinets, répondit en arrosant le parquet :

— Cet animal n'est autre chose que mon infortuné maître, et vous voyez sous la forme de ce stupide volatile le marquis de Carabas, portant encore la toque, le collier, le manteau et l'épée qu'il avait, il y a moins d'une heure, avec sa figure d'homme.

— Quel conte me fais-tu là?... Est-il possible de croire qu'une bête et un homme soient la même chose?

— Hélas! rien n'est plus visible, et vous semblez, glorieux Bouffe-la-Balle, être venu dans ce pays pour montrer à ses habitants qu'un homme pouvait être en même temps une grande bête.

— Que veux-tu dire?

— Puisque vous n'entendez point une chose aussi claire, je vous répondrai que le chagrin, l'épouvante causés par votre victoire, et peut-être aussi un peu de magie, ont tellement bouleversé le marquis de Carabas, qu'il s'est trouvé tout à coup métamorphosé en autruche... Si vous n'en croyez pas encore vos yeux, croyez-en du moins mes larmes dans lesquelles je n'hésiterais pas à me noyer, si mon pauvre maître, qui, après sa métamorphose, conserva un moment la parole, ne m'eût ordonné de vivre pour aller dans les États Barbaresques lui chercher une jeune autruche dont il pût faire sa femme.

Les doutes de Bouffe-la-Balle ne purent résister à tout ce qu'il voyait. La teinture verte n'avait pas de prise sur les animaux; il se contenta d'ordonner que le marquis-autruche fût, de peur qu'il ne reprît quelque jour sa figure naturelle, gardé à vue dans le cabinet.

Calembredaine s'était deux ou trois fois retourné pour faire semblant d'éternuer, et, en réalité, afin de dissimuler les effets intempestifs d'une grande envie de rire.

— Sire, reprit-il, en se pinçant vigoureusement l'oreille, j'ai fait ce que vous m'avez ordonné; vous plaît-il de tenir votre parole en me donnant un sauf-conduit pour moi et la botte de paille que je désire emporter.

— Oh! oh!... Hum!... hé! hé! fit l'usurpateur du ton d'un homme qui ne se laisse pas attraper facilement, voilà une botte de paille pour laquelle je ne donnerai pas de sauf-conduit sans savoir quel motif te fait tenir si fort à la prendre avec toi.

— Judicieux Bouffe-la-Balle, répondit Calembredaine après s'être gratté le front, vous n'ignorez point qu'il est d'usage de mettre un bouchon de paille aux ânes qui sont à vendre... Comme ces ânes-là, il me faut trouver un nouveau maître. J'ai donc résolu d'attacher à mon casque un bouchon semblable au leur. Et, de peur que la paille ne vienne à me manquer, je voudrais en emporter une botte tout entière.

— Par Barabbas! s'écria Bouffe-la-Balle, tu es un homme de précaution, et tu as autant d'esprit que tous les baudets à vendre... Mon écrivain va te donner le sauf-conduit.

Quelques instants plus tard, Calembredaine, portant sur ses épaules une énorme botte de paille, sortait de l'ancienne habitation de ses maîtres.

Les Dames de la nouvelle Cour riaient fort, derrière leurs éventails.

Les dames de la nouvelle cour s'étaient réunies sur la porte du palais pour assister au départ du fantasque écuyer, et riaient fort, derrière leurs éventails, de voir chargé comme un palefrenier un homme qui avait le casque et l'épée.

Calembredaine marcha pendant plus de deux heures, traversa plusieurs villages, et ne s'arrêta que lorsqu'il eut atteint un point assez éloigné en pleine campagne. Il venait d'entrer dans une belle oseraie. La place lui parut déserte; il laissa doucement glisser à terre sa botte de paille, et l'appuya contre le tronc d'un osier rouge.

L'écuyer fit alors un mouvement comme pour dénouer l'attache de chanvre brut qui tenait les chalumeaux réunis; mais un bruit continu et le son d'une voix s'étant tout à coup fait entendre, il écarta les branches de saule derrière lesquelles il se trouvait, et reconnut que le lieu n'était pas aussi solitaire qu'il l'avait pensé.

« Chut! » fit-il aussitôt et sans que l'on eût pu dire à qui l'écuyer adressait ce prudent monosyllabe, si ce n'était à lui-même.

Voici ce que Calembredaine avait vu de l'autre côté de l'oseraie :

Sur le bord d'une petite rivière et à l'ombre d'un saule qui formait un véritable dôme de verdure, une jeune fille au visage rose, aux bras potelés, battait du linge avec une gentillesse et une ardeur admirables.

Un peu plus loin, était une autre jeune fille dont on pouvait remarquer le battoir abandonné à côté de la première. Penchée sur une petite anse d'eau ayant à peu près la grandeur d'un miroir, et où son visage se reflétait en lui souriant, celle-ci plaçait dans sa chevelure épaisse, longue et bouclée, des marguerites sauvages qui lui faisaient comme une couronne d'étoiles.

Le passant qui, sans connaître ces deux jolies enfants, aurait eu la pensée de leur donner un nom, les eût certainement appelées : Travail et Coquetterie; de la première il eût emporté un souvenir d'admiration, et laissé à la seconde un vain sourire.

Calembredaine s'approcha sans hésiter de la jeune fille qui battait du linge.

— Ma chère enfant, lui demanda-t-il, connaissez-vous d'honnêtes gens dans la maison desquels on puisse être hébergé, et qui voudraient bien nous donner à souper à moi et à une botte de paille que j'ai là? Nous mourons de faim.

La petite laveuse regarda l'écuyer avec de grands yeux surpris et murmura :

— Donner à souper à une botte de paille... Une botte de paille qui meurt de faim!

Une jeune fille au visage rose, aux bras potelés battait du linge.

L'homme qui marche sur l'eau.

N s'apercevant du juste sujet d'étonnement qu'il venait de donner à la paysanne, Calembredaine dissimula une légère grimace sous l'air le plus sot du monde, et reprit :

— Je voulais dire que j'ai une botte de paille dont je désire ne point me séparer.

— Parlez de cela à notre oncle Barbotin, répondit la gentille laveuse, sur le frais visage de laquelle l'explication de l'écuyer amena un petit sourire d'incrédulité ; peut-être consentira-t-il à vous recevoir.

— Si vous n'êtes point le marquis de Carabas, ajouta l'autre jeune fille, car notre nouveau roi a fait, ce matin, publier dans les villages voisins, nous a-t-on dit, la plus terrible défense de protéger la fuite des personnes royales, et promis une grosse somme d'argent à celui qui en livrerait quelqu'une... Ah ! je voudrais bien gagner cet argent-là, moi, pour m'acheter des rubans, des bracelets d'ambre...

— Tu as là une fort vilaine pensée, Follette. C'est montrer un bien mauvais cœur que de tirer profit du malheur des autres. Quelque chose, au contraire, dit en nous qu'il faut compatir à l'infortune et la secourir si nous le pouvons. Quant à moi, j'aimerais mieux m'exposer à la colère du méchant Bouffe-la-Balle, en sauvant le pauvre marquis, que de le perdre en gagnant tout l'argent imaginable.

— Tu es une sotte, ma chère cousine Agnelle... Si chacune de nous deux pouvait faire ce qu'elle vient de dire, tu verrais laquelle de toi ou de moi avait raison.

Pendant ce dialogue des deux jeunes filles, Calembredaine riait d'un côté et faisait la grimace de l'autre. Il coupa brusquement court à leur débat en disant :

— Où est votre oncle?

— Vous le trouverez sur l'étang qui est derrière ces saules blancs.

— Et vous l'entendrez chanter en se promenant sur l'eau où il fait sa ronde.

— Il est donc en bateau?

Agnelle et Follette se mirent à rire.

— Est-ce que notre oncle Barbotin a besoin de bateau pour courir sur l'étang, repartit la première... Écoutez, le voilà qui recommence à chanter.

Une espèce de voix fit, à ce moment, entendre cette assez singulière chanson : « *Carac, carac... carac, carac, carac... carac!* »

Pressé et un peu curieux aussi de voir l'étrange chanteur qui marchait sur l'eau, Calembredaine se rendit, aussi vite que la fatigue le lui permettait, à l'endroit indiqué.

Les saules bordaient, en effet, un étang à la surface duquel un homme, vêtu en

L'Écuyer appela le papa Barbotin.

paysan, allait et venait comme s'il avait eu les pieds sur la terre ferme. Une hotte de forme chinoise était attachée à son dos, et sa main tenait un bâton armé d'un crochet.

L'oncle Barbotin continuait à tirer de son gosier de monotones *carac, carac,* puis il paraissait, par moments, faire avec son crochet ce que font avec le leur certains industriels nocturnes de Paris, qu'un poëte a appelés les « vers luisants de la rue. »

« Quelle musique est-ce là? Que signifient ces coups de crochet dans l'eau?... Et cette eau est-elle assez forte pour porter les gens? » se demandait Calembredaine.

Des canards qui nageaient et plongeaient autour du paysan détruisirent complétement cette dernière supposition.

L'écuyer appela de sa plus belle voix le papa Barbotin.

Ce dernier, tout en donnant encore, à droite et à gauche, quelques coups de crochet, se dirigea vers le bord de l'étang. Ses gros pieds semblaient aussi solides sur l'eau qu'ils l'eussent été sur un lit de cailloux.

Mais la surprise de Calembredaine cessa lorsqu'il aperçut enfin les grandes échasses sur lesquelles notre homme était monté. Quelques animaux aquatiques qu'il le vit piquer avec son crochet et jeter dans sa hotte chinoise lui firent comprendre qu'il avait affaire à un pêcheur de grenouilles. Les *carac, carac,* de ce pêcheur d'une nouvelle espèce étaient l'imitation du cri des susdits animaux, et les faisaient monter à la surface de l'étang d'où ils étaient enlevés par le terrible crochet.

L'écuyer exposa son désir de trouver un souper et un gîte pour quelques heures.

Le père Barbotin offrit sa table et sa maison. Comme la nuit venait, il descendit de ses échasses et nos deux personnages reprirent le chemin de l'oseraie.

La fatigue avait tellement engourdi les forces de Calembredaine, qu'il put à peine soulever sa botte de paille.

— Attendez, dit Barbotin, je vais vous porter cette misère-là.

Après quelques hésitations, l'écuyer fut obligé d'accepter la proposition, car la maison était à une certaine distance de la rivière.

Le pêcheur donna sa hotte à l'une des jeunes filles, se baissa et fit glisser le précieux fardeau sur ses épaules. Mais à peine se fut-il redressé, qu'il laissa échapper un *ouf!* énorme et suivi de ces mots :

— Elle est joliment lourde votre botte de paille !

— Ne faites pas attention à cela, repartit vivement Calembredaine, c'est la paille d'un champ de blé sous lequel se trouve une mine de plomb, et alors vous comprenez...

— Me prenez-vous pour une bête ?.. Il est clair que le plomb... Enfin cela s'entend...

On atteignit sans encombre la demeure du paysan.

Sur la demande de Calembredaine, le pêcheur de grenouilles déposa sa charge dans une salle basse fort convenable. Le premier déclara qu'il désirait y souper seul. Mais le père Barbotin jura qu'il tiendrait compagnie à son hôte, et n'en voulut pas démordre. L'écuyer se rendit dans la pièce où Agnelle et Follette servaient à souper ; seulement il avait recommandé que personne n'entrât dans la salle basse.

La botte de paille venait de s'entr'ouvrir.

Quelques instants plus tard, cependant, la porte de cette salle s'ouvrait, et Agnelle entrait doucement. La jeune fille portait d'une main un petit panier rempli de provisions, et de l'autre une lanterne en corne diaphane. Elle déposa son panier auprès de la botte de paille, et dit :

« Pauvre paille, s'il est vrai que tu aies faim, voici une cuisse de chevreau, un morceau de pain blanc et une fiole de bon vin. Je suis peut-être une sotte de m'être imaginé, sur quelques paroles de ton maître, que des chalumeaux pussent avoir besoin de manger; mais j'aime mieux manquer d'esprit que de charité... Comme je ne suis pas curieuse, je te laisse faire ce qu'il te plaira. »

Agnelle poussa tout à coup un petit cri de frayeur.

La botte de paille venait de s'entr'ouvrir; un jeune homme, vêtu de riches habits dont la forme et la couleur bravaient toutes les modes connues, en sortit en poussant un soupir de satisfaction.

Son premier soin fut, sans doute pour se dégourdir les membres, de battre un entrechat et de faire le moulinet avec ses bras. Un nez pointu, des yeux vifs et ronds, une bouche à laquelle un sourire perpétuel avait donné la forme d'un croissant, lui composaient un visage plaisant qui rassura la jeune fille.

Le souper de paille.

A belle enfant, avait dit le magnifique et plaisant jeune homme qui était sorti de la botte de paille, votre généreuse action me fait connaître que vous êtes cette bonne Agnelle que j'ai entendue exprimer de si louables sentiments... Vous ne vous trompiez point en imaginant que les aliments et le vin apportés à ce chaume seraient bien accueillis... Mais c'était à lui qu'ils étaient destinés, et il est juste que vous ayez le plaisir de le voir faire les honneurs du souper que nous devons à votre excellent cœur.

Notre personnage prit alors un long chalumeau et une pleine main de chaume; de l'un il se fit un tube au moyen duquel il aspira un grand trait du vin contenu dans la fiole, et de l'autre une poignée pour tenir l'os de la cuisse de chevreau. Comme il n'y avait pas de coupe avec la fiole ni de manche au rôti, cela ne pouvait aller mieux.

— Vous le voyez, chère Agnelle, reprit le jeune homme qui faisait rapidement

Follette était là depuis quelques instants.

disparaître le champêtre repas, c'est un véritable souper de paille, et vos charitables intentions se trouvent réalisées...

La nièce du père Barbotin, étant un peu revenue de sa surprise, avait grande envie de rire, mais la civilité l'en empêchait : son hôte le remarqua et reprit :

— J'aime que l'on rie autour de moi. Jamais je ne m'en suis fâché... Apprenez, car je sais que je puis compter sur votre discrétion, que je suis le marquis de Carabas !

— Le marquis de Carabas ! Et j'ai laissé un marquis boire avec une paille...

— Un marquis fugitif, que le traître Bouffe-la-Balle pense bien tenir... Pour favoriser ma fuite du palais, nous avons, en effet, moi et mon écuyer Calembredaine, imaginé de faire croire à cet ogre ignorant que...

D'un geste, Agnelle interrompit son interlocuteur.

— Il m'a semblé, dit-elle, entendre du bruit à la porte de cette salle. Mon Dieu, si l'on nous avait écoutés !

La jeune fille regarda en dehors; mais elle ne vit personne, et reprit :

— Monseigneur, hâtons-nous... Je puis vous offrir un moyen de fuir plus vite...

— Oubliez-vous les menaces de Bouffe-la-Balle?

— Non... Aussi, je ne veux pas que mon cher oncle se mêle de cela ; il faut donc que vous soyez parti avant qu'il ait fini de souper... Mais ne craignez-vous pas que ces beaux habits ne vous trahissent?

— Vous avez raison... Je n'ai pas eu le temps d'en prendre d'autres... Attendez : je vais retourner mon manteau, mettre ma casaque à l'envers et arracher les galons d'or de mon chapeau... Un heureux pressentiment me dit enfin que j'échapperai à l'amertume de voir les roses de mes joues changées en feuilles d'oseille.

Agnelle ne s'était cependant point trompée, lorsqu'elle avait eu peur qu'on n'écoutât à la porte de la salle.

L'œil et l'oreille tour à tour à cette porte, Follette était là depuis quelques instants.

A peine cette dernière eut-elle entendu le marquis de Carabas se faire connaître, qu'elle résolut d'aller prévenir une petite troupe de soldats, appartenant à l'armée de Bouffe-la-Balle, et logée dans un village voisin.

L'espoir d'obtenir une récompense qui lui permettrait d'acheter des rubans, un collier et des bracelets d'ambre, donna alors du courage et des ailes à la jeune fille ; elle avait aussitôt, et sans s'effrayer de ce que la nuit fût complétement venue, laissé bien loin derrière elle la maison de son oncle.

Follette était près d'arriver au village lorsqu'elle aperçut, à quatre ou cinq pieds de terre, de petites lumières qui, tantôt restaient immobiles, tantôt avançaient, puis reculaient. En même temps, elle entendit une grosse voix s'élever par moments.

La nièce du père Barbotin sentit naître dans son esprit une de ces craintes superstitieuses que produit presque toujours le trouble d'une mauvaise conscience. Elle n'osait pas aller plus loin et hésitait encore à rétrograder, lorsque les lumières vinrent de son côté.

Ce qui, d'un peu loin, lui avait fait si grand'peur était plus risible qu'effrayant :

C'étaient des conscrits auxquels on faisait faire l'exercice.

quelques guerriers, ayant chacun sur le nez une chandelle de résine, et à cheval sur des bâtons, exécutaient les commandements donnés par un officier de Bouffe-la-Balle. C'étaient tout simplement des conscrits auxquels on faisait, avant l'heure du coucher, faire l'exercice. Cette ingénieuse manière de les former à la profession à laquelle ils se trouvaient destinés avait été imaginée par le roi ennemi lui-même. Les bâtons avaient, en remplaçant les chevaux, l'avantage de les ménager et d'éviter que les pauvres bêtes ne fussent blessées par les maladroits; quant aux chandelles de résine allumées, elles accoutumaient forcément les novices guerriers à marcher au combat la tête haute, ainsi qu'il convenait aux soldats d'un chef aussi vaillant, et servaient en même temps à éclairer leurs exercices nocturnes.

Follette alla droit à l'officier et lui dit qu'elle le mènerait dans un endroit où se cachait le marquis de Carabas après avoir pris la fuite, mais qu'il fallait, pour cela, affirmer devant témoins qu'elle recevrait la récompense promise par le roi victorieux.

La nouvelle de la prétendue métamorphose en autruche du marquis n'avait pas encore été annoncée dans le village; l'officier s'empressa de satisfaire Follette, puis il envoya dire à quelques cavaliers de se mettre en selle et de lui amener son cheval.

— Nous n'avons pas de temps à perdre, avait dit la jeune fille.

Les cavaliers furent bientôt prêts.

— Il faudrait aller aussi vite que le vent, reprit Follette, car l'idée peut venir au marquis de se remettre en route.

— Nous irons aussi vite que la tempête. Nos chevaux ont chacun quatre bonnes jambes.

— Mais je n'en ai que deux, moi, et je ne pourrai courir assez vite pour vous guider.

— Es-tu assez hardie pour t'asseoir sur la croupe de mon cheval?...

— Oh ! je suis souvent montée derrière mon oncle quand il était sur le sien, et, si fort que l'animal courût, je ne suis jamais tombée !

— Eh bien, place-toi derrière moi.

Follette était en effet une habile amazone campagnarde. En un instant elle fit de sa jupe, qu'elle serra aux chevilles, ce que plus tard on eût appelé un pantalon; puis, l'officier lui ayant tendu la main, elle sauta légèrement sur la monture de celui-ci.

Les cavaliers donnèrent aussitôt de l'éperon et partirent au galop.

Les cavaliers donnèrent aussitôt de l'éperon

L'Écuyer avait tiré son épée; le paysan s'était armé de sa fourche.

V

Follette va à la cour; Agnelle est emprisonnée.

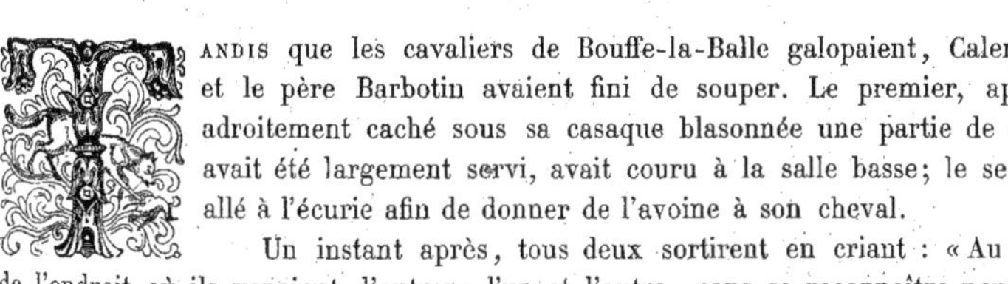ANDIS que les cavaliers de Bouffe-la-Balle galopaient, Calembredaine et le père Barbotin avaient fini de souper. Le premier, après avoir adroitement caché sous sa casaque blasonnée une partie de ce qui lui avait été largement servi, avait couru à la salle basse; le second était allé à l'écurie afin de donner de l'avoine à son cheval.

Un instant après, tous deux sortirent en criant : « Au voleur ! » de l'endroit où ils venaient d'entrer; l'un et l'autre, sans se reconnaître peut-être, se prirent à la gorge; l'écuyer avait tiré son épée, le paysan s'était armé d'une fourche.

— Qu'en avez-vous fait? criait celui-ci.

— Il était ferré de neuf! hurlait celui-là.

— Je l'avais moi-même commodément caché dans la botte de paille.

— Mon bidet dans une botte de paille?

— Mon maître ferré de neuf?

Il est probable qu'ils eussent longtemps crié de la sorte, avant de s'entendre; ils étaient même près de s'escrimer de la fourche et de l'épée, lorsque Agnelle qui avait, de loin, entendu une partie de la discussion, apparut avec sa lanterne.

— Mon oncle, dit-elle, on ne vous a point volé votre cheval ; seulement il ne vous appartient plus, et son nouveau maître m'a chargé de vous remettre ces dix pièces d'or en échange de la bête.

Le père Barbotin lâcha la gorge de Calembredaine pour prendre l'or, et murmura en écarquillant ses yeux :

— Oh ! c'est bien différent, et je n'ai plus rien à dire !

— Et vous, messire l'écuyer, poursuivit la jolie enfant, rassurez-vous sur le sort de votre maître. Elle ajouta plus bas : Notre bidet emporte en ce moment monseigneur de Carabas vers son marquisat où il trouvera asile et protection.

Calembredaine remit l'épée au fourreau.

Le bruit que fit tout à coup entendre le galop de plusieurs chevaux empêcha l'écuyer d'interroger Agnelle.

C'étaient, on l'a déjà deviné, les cavaliers conduits par Follette, qui arrivaient ventre à terre.

Un sentiment de honte, dont elle ne put se défendre, fit désirer à la petite égoïste de ne point paraître aux yeux de celui qu'elle allait indignement livrer à ses ennemis.

Elle alla donc se cacher dans une haie, tandis qu'une partie des guerriers, sautant à terre et laissant à leurs compagnons la garde des chevaux, entraient dans la maison.

On arriva enfin à une porte toute dorée.

Ces mêmes soldats ne tardèrent pas à en sortir. Follette crut voir qu'ils entouraient un homme avec lequel, et sans doute pour le garder de plus près, ils prirent à pied le chemin du village.

L'officier reparut le dernier, Follette alla vers lui.

— Ah! ah! fit-il, c'est toi. Je dirai ton nom à notre nouveau roi et lui apprendrai le service que tu lui as rendu : quand tu viendras à la ville, viens au palais, et je ne doute pas que Bouffe-la-Balle lui-même ne te donne la récompense qu tu as méritée.

L'officier s'éloigna.

Follette alla s'enfermer dans sa chambre en murmurant :

« Je pourrai entrer dans le palais, voir le roi! il me parlera; je serai riche! Ce n'est pas à cette petite sotte d'Agnelle que l'on fera jamais tant d'honneur; elle restera pauvre et n'aura jamais que de vilains habits. Cela lui montrera qu'il vaut mieux penser à soi que de faire la charitable. »

Le pêcheur de grenouilles et Agnelle qui, à l'arrivée des cavaliers, s'étaient sauvés au grenier, allèrent, de leur côté et non sans trembler bien fort, se mettre au lit.

Le lendemain était jour de marché à la ville. Follette demanda à son oncle la permission d'aller y vendre des fleurs et des fruits cueillis de bon matin et voir une marraine qu'elle avait dans cette ville. Cette permission fut accordée sans difficulté.

Follette plaça aussitôt sur sa tête un grande corbeille de fleurs et de fruits. Une heure plus tard, elle arrivait à la ville. Mais au lieu de prendre le chemin du marché, elle courut au palais.

Les sentinelles voulurent d'abord lui en barrer la porte et lui ordonnèrent de s'éloigner; mais quand elle eut répondu qu'elle s'appelait Follette et que le roi serait content de la voir, ils lui livrèrent passage et un d'eux la pria de le suivre.

Il marcha devant elle jusqu'à ce qu'il rencontra deux dames superbement habillées; il leur parla à l'oreille et s'éloigna.

Une des dames dit alors à la petite paysanne qu'elles allaient *avoir l'honneur* de la conduire au roi.

Elles firent aussitôt traverser à Follette, qui avait toujours sa corbeille de fleurs et de fruits sur la tête, des chambres magnifiques. Les yeux de la jeune fille brillaient d'orgueil et d'admiration.

On arriva enfin à une porte toute dorée; les deux dames en poussèrent chacune un battant et dirent en faisant une profonde révérence à Follette :

— Entrez, Mademoiselle.

La fille du pêcheur de grenouilles était sur le seuil de la salle du trône. Interdite par ce qu'elle voyait, elle hésita un moment. L'aiguillon de la vanité lui fit franchir la porte dorée.

Le soir, Follette ne revint pas à la maison du pêcheur. Comme la jeune paysanne couchait quelquefois chez sa marraine et y passait une journée ou deux, celui-ci n'en conçut aucune inquiétude.

Cependant, les deux jours suivants s'étant écoulés sans que leur nièce et cousine

Celui qui semblait être le chef des gardes mit pied à terre.

reparût, le père Barbotin et Agnelle commencèrent à s'alarmer. Il fut décidé que le premier irait à la ville le lendemain.

Notre homme était prêt à partir, lorsqu'un carrosse escorté de plusieurs gardes à cheval s'arrêta à la porte de la chaumière.

Tous ces gardes étaient chaussés de grosses bottes et portaient des casques ayant la forme de la tête d'un chat, coiffures au-dessus desquelles se balançait un plumet en tout semblable à une queue d'angora.

Celui qui semblait être le chef mit pied à terre et dit : — N'êtes-vous point un pêcheur de grenouilles appelé Barbotin, et ne vois-je point là votre nièce Agnelle?

— Oui, répondit le paysan surpris et inquiet.

— Alors, montez tous deux dans ce carrosse, ou je vous y ferai mettre de force.

— Dans quel endroit voulez-vous nous conduire?

— Dans l'endroit où j'ai reçu l'ordre de vous mener.

— Qui vous a donné cet ordre?

— Le maître auquel j'obéis... Hâtez-vous, ou sinon...

L'oncle et la nièce virent que toutes prières, toutes questions, toute résistance seraient inutiles; ils obéirent en pleurant.

La portière du carrosse se referma sur eux avec un bruit de verrous effrayant; la lourde machine, hermétiquement fermée et dans laquelle le jour n'entrait que par le haut, se remit à rouler.

Barbotin se désolait sans pouvoir deviner pour quel motif on le traitait de la sorte, mais Agnelle ne doutait pas que cela ne fût l'effet de la colère de Bouffe-la-Balle, et elle n'en pleurait que plus fort.

« Mon Dieu, se disait-elle tout bas, Follette avait-elle raison en disant que la charité est quelquefois une sottise !»

Pendant que nos deux personnages se lamentent tout en se demandant ce qu'était devenue Follette et roulent sans savoir où, revenons, si vous le voulez bien, au marquis de Carabas, que nous avons laissé mettant sa casaque et son manteau à l'envers.

Le Marquis de Carabas aperçut deux bornes ayant la figure de chats assis.

Le marquisat de Carabas.

GNELLE n'avait point menti en disant à Calembredaine que le marquis monté sur le cheval du père Barbotin avait pris le chemin conduisant aux domaines qui formaient le marquisat de Carabas. Pendant que l'écuyer et le paysan soupaient, comme nous l'avons vu, le bidet avait été sellé, bridé, conduit hors de l'écurie et enfin monté par le fugitif qui, en partant, avait absolument voulu en laisser le prix.

Heureusement, l'animal n'avait pas quitté le râtelier depuis trois jours. Le marquis chevaucha toute la nuit; puis il prit et fit prendre deux heures de repos à sa monture dans une ferme isolée où ils déjeunèrent en même temps et presque à la même table. Ils continuèrent ensuite leur route.

Vers le milieu de la journée, notre héros aperçut deux bornes ayant la figure de chats assis. Il donna un dernier coup d'éperon, et se trouva sur les terres de son marquisat.

Le gouverneur qu'il y avait laissé n'avait pas eu le temps de marcher au secours de Cascaret, parce que Bouffe-la-Balle avait attaqué ce malheureux roi avec la plus grande félonie, c'est-à-dire sans déclaration de guerre.

Le prince piqua droit vers le château fort du marquisat.

Quelques villageoises et villageois assez étonnés de voir un homme habillé à l'envers saluaient le cavalier, les unes d'un doux *mia-mia*, les autres d'un ronflant *miaou*.

Celui-ci atteignit enfin la grande porte du château. Les chevaliers qui la gardaient firent, en manière de *qui vive!* entendre un sifflant *phut! phut!* auquel Carabas, qui connaissait, comme vous le pensez bien, les usages du pays, répondit par un amical *miaou!*

Ces usages avaient pour origine une vieille tradition dont vous avez sans doute entendu parler. Les vieillards, auxquels leurs pères l'avaient rapporté prétendaient qu'un maître chat avait, sans d'autre moyen d'action qu'une paire de bottes dont il s'était chaussé, fait la fortune et créé le titre nobiliaire du premier marquis de Carabas, fils d'un simple meunier. Vraie ou fausse, cette tradition régissait la coutume du marquisat. Le langage, les habits, les armes, les monuments, tout jusqu'aux noms propres empruntait, comme un hommage, quelque chose à la race féline.

Déjà Carabas était dans les bras de son gouverneur.

— Votre ministre de la guerre, Rominagrobis, disait le gouverneur, va lever une armée et nous irons, puisque vous n'avez point été teint en vert, venger votre oncle et vous rendre le trône dont Bouffe-la-Balle vous a traîtreusement dépouillé.

Ils virent alors un personnage vêtu de soie couleur paille.

Dès le lendemain, Rominagrobis fut mandé. Il vint en faisant le gros dos, et promit monts et merveilles.

Princes et paysans, nous devons compte au lecteur de tous nos personnages. Voyons donc ce qu'il advenait du père Barbotin et de sa nièce Agnelle.

Dans leur prison roulante ils avaient trouvé des provisions de bouche auxquelles, malgré la longueur du voyage, ils touchèrent à peine. Après s'être arrêtés deux ou trois fois, la voiture parut enfin avoir atteint sa destination. Une des portières s'ouvrit. L'homme au casque de tête de chat fit sortir du carrosse, et, après avoir monté un escalier, entrer dans une grande pièce le bonhomme et la jeune fille, qui n'osaient point regarder autour d'eux, tant leur frayeur était grande.

Une voix amicale et bienveillante les décida tout à coup à lever la tête. Ils virent alors un personnage entièrement et magnifiquement vêtu de soie couleur paille et dont la toque était surmontée d'une plume de deux pieds.

— Le marquis de Carabas! s'écria Agnelle stupéfiée.

— Oui, mes amis, répondit le jeune homme, Carabas lui-même, pour qui vous avez généreusement mis en danger votre vie, ma chère Agnelle, et qui n'a pas voulu vous laisser exposés, vous et votre oncle, à la méchanceté de Douille-la-Dalle. Voilà pourquoi des soldats du marquisat sont allés vous enlever. Vous serez traitée ici en princesse, et le papa Barbotin jouira des priviléges d'un grand seigneur... Puis, si je recouvre mon royaume, je montrerai que je ne suis pas un ingrat... Voyez, j'ai déjà adopté pour mes habits la nuance jaune, en souvenir de la couleur de la botte de paille à laquelle je dois une partie de mon salut.

Et le marquis, pour que l'on vît son costume de tous les côtés, fit deux ou trois pirouettes. A partir de ce moment, ce fut pour les nouveaux venus tous les jours fêtes nouvelles.

Cependant Rominagrobis, malgré ses belles promesses, n'allait pas vite en besogne.

Heureusement, il lui arriva un auxiliaire qui rendit l'espoir au prince et à tous ses amis : ce fut Calembredaine.

Les guerriers de Bouffe-la-Balle, trompés par sa casaque dorée et par le rapport de Follette, s'étaient emparés de lui en croyant prendre le marquis de Carabas et l'avaient conduit au roi sans vouloir écouter le fidèle écuyer. Mais l'usurpateur lui avait rendu la liberté, et s'était mis dans une grande colère de ce qu'on eût pu le croire, lui, Bouffe-la-Balle, assez sot pour avoir laissé fuir l'héritier de Cascaret.

On apprit encore que, par un raffinement de méchanceté, le roi avait ordonné qu'on introduisît auprès de lui et avec toutes sortes d'honneurs Follette, cause première de ce qui le fâchait si fort; puis, il avait condamné la méchante jeune fille à devenir la servante de l'autruche qu'il croyait être le marquis. Follette ne fut alors que trop justement punie par le chagrin de partager la prison de ce vilain oiseau, et par les coups de bec auxquels elle se vit à chaque instant exposée.

Grâce à l'activité de Calembredaine, l'armée promise par Rominagrobis fut bientôt

Follette avait été condamnée à devenir la servante de l'Autruche.

Les noces du Marquis et d'Agnelle se firent en grande pompe.

en état de tenir la campagne. Le marquis et Calembredaine se placèrent à sa tête. Elle attaqua les guerriers de Bouffe-la-Balle et les mit complétement en déroute.

Un an après être sorti de son palais dans une botte de paille, le marquis de Carabas rentrait triomphant dans cette royale demeure.

Son premier acte fut de faire publier dans tout le royaume qu'il épousait la bonne et gentille Agnelle.

Cascaret et sa glorieuse épouse furent, en voyant régner leur neveu, consolés de la couche de badigeon vert qu'ils devaient porter jusqu'à la fin de leurs jours.

L'autruche retourna dans la ménagerie royale où Calembredaine l'avait prise, et Follette, corrigée, put se guérir des coups de bec qui lui avaient appris que l'égoïste travaille presque toujours à son propre malheur.

Les noces du marquis et d'Agnelle, dans laquelle on peut voir un des mille exemples vivants de la bonté trouvant sa récompense, se firent en grande pompe et donnèrent lieu à des fêtes magnifiques.

Enfin, il ne resta d'autres ressources à Bouffe-la-Balle que de prendre le métier de joueur d'orgue, et il se vit contraint de faire danser les jeunes époux le jour de leur mariage.

FIN.

TABLE DES CHAPITRES

PARIS. — IMPRIMERIE DE J. CLAYE, RUE SAINT-BENOIT, 7.

Ingram Content Group UK Ltd.
Milton Keynes UK
UKHW020637190723
425417UK00010B/33